수줍은 달

노춘래 제2시집

계간문예

수줍은 달

| 시인의 말 |

나는 달은 사랑한다.
달이 떠오르면 흠뻑 빠져 나를 잃어버린다.
이상한 일은
한 번도 만족한 달의 시를 못 썼다는 게 너무 아쉽다.
달뿐이 아니라 하늘의 해와 구름과 별이
모두 나를 사로잡는 시의 구성원이다.
산 바다 강 나무 꽃
이 모든 자연이 나를 부추기고
시를 쓰라고 독려한다.

다만 내 자신이 그 뜻에 따라
충분히 발휘 못하는 기량에 부끄럽다.
정진하고, 연마해서 괜찮은 시를 쓰고 싶다.

이 시집이 세상에 빛을 보기까지 수고해 주신 정종명 이사장님의 따뜻한 격려와 차윤옥 편집주간님의 아낌없는 수고에 진심으로 감사드립니다. 또한, 가족들의 따뜻한 마음과 도움이 큰 힘이 되어 용기를 내었습니다. 늦은 나이에 시인이 되어 시집을 두 권이나 낼 수 있도록 건강과 주위의 좋은 분들이 함께 하도록 은총 주신 하느님께 감사드립니다.

시를 아끼시는 모든 분의 마음, 가슴에 담겠습니다.

2022년 8월

노춘래

■ 차례

제1부 숲

제2부 윤사월 새벽달

제3부 꽃향기 글향기

제4부 꿈꾸는 생명나무

제5부 황금의 노래

발문 跋文

제1부

숲

새벽

하현달 외로운 새벽
조금씩 뒷걸음 치는 어둠

동트는 하늘은
분홍빛 보라빛으로 곱디곱다

소나무 훌쩍 큰 키
반듯한 이마에

아침노을을 적셔
긴 붓으로 획을 그으니

투박한 나무도
배시시 아기 얼굴로 웃는다

강릉 가는 길

청량리역을 출발한 영동선
첩첩산중이 푸른 병풍을 펼치며
이어지고 다시 이어져

제천까지는
싱그런 녹색의 요염함이
하늘까지 사다리를 놓고

깊은 산골 휘돌아 온 개울물
낚시꾼의 환성이 첨벙대며
물속을 둥실 떠다닌다

여럿이 맞잡은 그물위에
뛰어오른 물고기 비늘
햇빛을 튕겨
무심한 구름에게 수작을 건넨다

엊그제 지난 처서處暑는
백십여 년 만의 혹서酷暑를
어느 결에 업어치기 했을까

가을을 부르는 구름 성글게 펼쳐진다

노년의 봄날

설핏
중천에서 미끄러지는 햇볕

점심 먹고
모여 앉은 벤치에

코로나19가 빚어낸
기이한 마스크 부대 할머니

무료한 삶의 황혼길에
아까운 봄이 가네

돌 틈에 뾰족이 노란 웃음 민들레
넘치는 의욕도 한몫

고운 웃음 속에 박힌
생생한 삶의 이야기들

햇볕에 펼쳐 놓으니
보석처럼 귀한 젊은 날들

수리산 오름길에서

사방이 꽉 막혀버렸다
전자현미경으로만 보이는
코로나19 횡포橫暴
아름다운 봄을 어찌하리

물소리
새소리
바람소리
거저 그냥 주고
아낌없이 위로하며
숨통을 틔워 주는 수리산 오름길

가냘픈 진달래
날마다 활기를 꽃잎에 물들이고
파란 하늘
자유로운 구름의 붓놀림이
마냥 부럽다

목련의 우아함 아직 고운데
한꺼번에 와- 하고 터진 벚꽃

맑은 햇볕에 버무려
어린 새들 발가락을
토닥토닥 어루만진다

둘레길

참말 같기도 또 아닌 듯
전해 내려오는 이야기이니
거꾸로 매달려 있다 한들 어떠하랴
아름답고 곱기만한 글
담벼락 가득 메운 솜씨
깊은 눈빛으로 반짝인다

작은 바람소리에도
가슴이 쿵 내려 앉고

어느 왕손의 큰 기침 소리에도
화들짝 놀랐다가
따뜻한 정감으로 번져오는 느낌
차곡히 접힌 갈피마다
문인들의 시와 그림 빼어나고

아이들의 깨끗한 마음까지
조신한 말씨로
또렷이 외치고 있다
조상의 얼을

대관령 가는 길

가을 품은 흰구름
솜사탕으로
달콤하게 녹아 내리네

지난 여름 뜨거웠던
우리들의 입맞춤처럼

이느새 그리움 되어
두둥실 하늘 높이 올라

내 마음 안에
단풍으로 수놓네

1950년 6월 25일

구름낀 신촌벌 일요일
소쿠리에 건져진 장어 한 마리

뱀인 줄 놀라 혼비백산한
6학년 아이들
올챙이를 잡아 오라는
숙제를 하는 중

앗! 피
거머리 한 마리
장딴지에서 꿈틀꿈틀

올챙이는 어디로 갔을까
어디선가 들려 오는 포성소리

무서운 전쟁을 알리는 소리인 줄
알 수 없었던 철부지들

사진 한 장

아버지 손잡고 구경갔던
임금님이 사시던 창경궁

끈달린 까만 구두
돛단배가 그려진 멋스런 옷 입고

천진스레 웃는 그네 위에
조그만 아이

수수꽃다리 향기에 취해버린
어린 날의 흑백 사진

홍건히 고이는 그리움
눈물 방울로 빚어지네

도서관

생각과 기쁨이
나를 붙잡는
투명한 영혼들이
내 머릿속을 헝클어 놓고
혼미하게 홀리는
귀신들의 춤

때로는 아주 엄숙히
머리가 쭈뼛해지며 떨리기도
흐뭇한 행복감에 취하기도
나를 내가 다스릴 수 없는
끝없는 황홀경 속에서
방향감각을 잃는가 하면

태고로부터
오늘에 이르는 터널 속을
끝없이 서성이다
아주 정갈한 지식의 보고寶庫
헹구고 정리정돈까지
삶의 지표를 올곧게 이끌 때

번쩍 내 자신에게로 돌아온다

멀리 내가 우뚝 서야 할 곳
혼신의 노력을 다해
아름다운 언어로 감동을 주는
시詩를 깊이 갈고 닦기에
나를 불사르고 싶다

숲

어제도 오늘도 푸르름만 쏟아놓고
그 향기에 취한 내 걸음
가쁜 숨 턱에 닿아도
싱그러히 감싸 안는다

반짝이는 잎새 마다
햇볕은 연녹색에서 초록빛으로
피아노 건반을 두드리듯
손가락 끝에서 반짝 튕기고

질리지도 물리지도 않는 신선함이
녹슬어 가는 인간의 두뇌에
가뭄에 단비 뿌리듯
무궁무진한 자원을 안긴다

서귀포

기암절벽 끝자락
훌쩍 뛰어 내려
시퍼런 물 박차고
튀어 오를 수 있을까

이 밤 기막힌 충동
사정없이 나를 유혹하는
철썩이는 물 저 바다
어떻게 나를 연출해야 할까

이즈러진 열여드레
저 달을 불러
타고 있는 내 속내
달래 보라 청해야 할까

등받이

날마다 오르는 산
숨이 차
잠시 나무에
등을 기대 본다

싫은 내색 안하고
받아주는 고마움
싱싱하던 여름도 가고
곱던 단풍잎도 떠났는데
알몸으로도 넉넉한
따듯함은
어디에서 오는가

매서운 추위도
휘몰아치는 바람도
눈비도 참아내는 힘은
어디에서 오는 걸까

생명을 키우는
어머니의 저력이
가만 가만
내 등에
힘을 실어 준다

어제와 오늘

열세 살에 닥친 전쟁
안락한 어린 날이 흙탕물에 던져졌다

벅찬 어려움들이
육 남매의 조그마한 맏이를
애늙은이로 키웠다

피붙이들을 가슴에 품고
꿈을 흘려보내기엔
안쓰러운 자신의 꿈

책은 내게
지식을 담아 지혜롭게 살라고
글쓰기는
황홀경 속으로 설레이며 헤매게 했다

하늘도
땅도
귀신도 놀라게 한다는 시인이고 싶다

맑은 영혼으로
시를 쓰는 기쁨에
나를 적시고 산다

마름질

해가 떠오르는 하늘을
눈부시게 바라보면
좋은 일이 있을 것 같아
고운 마음이 된다

쓸쓸히 서 있는
나무들을 위로하듯
새들의 노래
햇빛을 누비고

열여드레 새벽달이
조금 기울어진
맑은 얼굴로
떠오르는 해를 뒷걸음치며
너그럽게 배웅한다

새벽의 깨끗한 정신으로
한발 뒤로 물러서서
천천히
새해를 마름질 하면 어떨까

제2부

윤사월 새벽달

윤사월 새벽달

한쪽으로 조금 기울어진
단아한 얼굴로
내 방문을 기웃거리는 열여드레 달

지난밤 달마중 나갔던
수리산 산책로
별빛만 쏟아지더니

윤사월 초파일
부처님 오신 날 봉축하던 연등 너머
넘치는 자비심 새벽달로 빛나고 있다

반달

초여드레 반달은
바쁘게 구름 속을 드나들며
내 영혼을
흘끔흘끔 곁눈질한다

사흘 전만 해도
아기 볼처럼 살이 오른
초엿새 얼굴로 새침을 떨더니

아예 오늘은
펑퍼짐한 아낙의
엉덩이로 슬쩍 끼를
내비친다

만월滿月로 뽐낼 때
교만함도 잊고
더 높이
둥싯둥싯 손짓한다

수줍은 달

동짓달 초열흘
소나무 무릎에 내려앉은 달

무뚝뚝한 나무 껴안고
살짝 붉어진 얼굴

달아오른 속내가 부끄러워
어찌 신방에 들려나

그리움에 푸욱 빠진
수줍은 달

시고 떫고 풋풋한
첫사랑을 펴내고 있다

요염한 바람

서울의 면적보다 더 넓다는 땅덩이
십일만 삼천 명이 살고 있는 정읍

내 누님의 마음을 닮았는가
정겨운 하늘

그리운 눈빛으로 넓은 들을 어루만지고
강물의 속삭임에 귀 기울이던 친구

저녁때가 되면
색色을 뿜어 낸다나
건들거리며 강 위를 넘나드는 바람

이듬해 초가을
으아앙 ― 늦둥이가
어미 배꼽에서 튕겨져 나오려나

그네

초록빛 뚝뚝 엉기는 오월
고운 치마 여미고
하늘 높이 오르면

세상은 저멀리
고요한데
그리운 얼굴 보이다 안보이다

어느만큼 높이 오르면
고스란히 그 모습
또렷이 내게 다가올까

새소리

눈부신 아침
햇살 속을 누비는
청량한 노래

임 부르는 간절함인 듯
애틋하네

높은 산에서
맑은 이슬에 베인
영혼의 울림인가

무뚝뚝한 절벽을
가락으로 누비고 있네

시월 호수

계절따라 바뀌는 걸까
수면을 튕기는
오묘한 속삭임

지난 여름 몸을 데일듯한 염열炎熱
뒤로 물러서는 씁쓸한 소리
나부대는 바람에 넋을 잃고

은근히 물들었나
시월 하늘빛에
정신을 못 차리는 호수

물살 무늬로 사랑을 수놓는
청둥오리떼도
오락가락 어지럼증에 시달리고 있다

동짓달 스무아흐레 달님

캄캄한 추위 속 떨고 있는 새벽달
나의 산책길 동무해 주느라
새파랗게 빛을 뿜어 낸다

긴 하루를 지구 반대편
달콤한 햇볕 속에 서성이다
코로나19로 혹독한 죽음이
온 우주를 뒤덮고 있는데
아픈 마음을 어찌 달래고 있을까

곱고 가녀린 그 몸으로
마음은 온유하여
만월로 키워가는 풍성함 다해
온 인류를 사랑으로 품으려 애쓴다

버팀목

솔향기 온몸에 휘감고
기품 있게 서 있던 소나무
갑자기 기울더니 비스듬히 누웠다

곱게 단장한 버팀목
새장 하나 달랑 목에 걸고
그 몸 허리 언저리를 받치고 있다

내게도 든든한 버팀목
귀하고 귀한 자녀들
어느 사이 몸도 마음도 기울어지고 있다

하늘 그득하던 구름덩이
흩어졌다 모여들 듯
뭉클 가슴 뜨겁게 하는 소중함

분수
— 스페인 바르셀로나에서

무수한 물방울이 춤을 춘다
아름다운 조명 따라
헤아릴 수 없는 빛으로
하늘끝 우주를 너머 무한한 공간 속으로

세기의 테너 도밍고의 선율마저
물방울의 묘기에 심취되어
흐느낀다
격렬한 고음은
초록 노란 빨강색 속에서
엷게 아주 엷게 녹아 흐르고
하늘을 향해
우뚝 솟아 오를 때
우주는 큰숨 한번 쉬고
강열한 원색으로 돌아온다

역사 속 투우사의 질풍처럼 뜨거운 정열
축구의 열기까지
맥락은 분수 속에서도
끊임없이 튀고 뿜고 펴내는

미의 극치를 선율에 담아 낸다

하늘을 향해 날아 오른다
무한대 속으로

봄비

봄비 조롱조롱
앙증스런 꽃망울에
구슬로 매달려 웃고

금새 터질 듯한 입
뾰족이 내밀고
반가움에 겨워 마주 웃는 산수유

어느새 종달이도
높은 화음 넣어
만남의 기쁨 노래하네

구름도 한몫
솜사탕 빚어 꽃무늬로
지휘봉을 휘두르네

선유도

바람은 바람으로
아름다운 것
운무에 파묻혀
용틀임 해도

사월의 고운 하늘 가득
쉬임 없이
올망졸망 더러는
숨이 막힐 듯 웅장하게 빚어
솜씨를 보이는 구름 구름 구름

내 오늘은
선녀의 옷소매에
어질고 고운 꿈 당차게
매달아 볼거나

겨울나무

지내온 일들 고이 간직 한 채
차곡 차곡
새날을 파랗게 익혀간다

아무도 알 수 없는
보이지 않는 날들이지만
그만이 아는 소중함 있어

뾰족이 밀어 올리는 새순
빛나는 햇살은
구름에게 눈짓으로 꽃잎 틔운다

미처 못 고친 옷 매무새
깊은 잠에서 깨어
눈 비비며 바라보는 새하늘

구름
— 삼척 해변에서

동해 맑은 물에 몸을 씻고
봄 아기 아장 걸음에 취하고

살랑대며 눈웃음치는
바람을 동반하고

때마침 흩날리는 꽃비도 품어 안고
그리움에 젖어드는 어머니가 된다

갈매기 울음도
끼룩끼룩 흉내내고
라잉락 향기도 손짓으로 불러낸다

고운 비단으로 마름질한 모래톱
해수욕장 문을 화알짝 열어 젖히고
첨벙 뛰어들 아이들을 기다린다

까치 한 마리

산책길에
까치 한 마리
깡충깡충 걷는다
안녕, 까치야

나무꼭대기에서
동무 까치
깍깍
화답한다

아침 하늘은
구월의 문을
맑게 닦아내고

구름은 가을을 빚어
바람 갈피마다
솔향기 수놓는다

제3부

꽃향기 글향기

사랑

큰 눈으로 보아도 보이지 않고
마음껏 편 손으로도 만져지지 않아
다가가면 더욱 멀어지는데

눈송이처럼
가만히 스며드는 촉촉함
명치께로 차 오른다

아침 노을
솔향기 연주에 취해
절로 붉어진다

연정

소나무 가지 사이로 삐어져
빼꼼히 나온 초엿새 달

초록의 별빛
눈부시게 아름다워
미리내로 이끌려 가는가
사랑빛에 딸려 가는가

조각달로 빚은 눈썹
맵씨 고와도

열여섯 앳된 분이의 속내
그대 가슴에 옮겨 붙는
불씨만 하랴

짝사랑

나 혼자만 사랑하는 줄 알았는데
달님이 빙그레

나도 너를 사랑한단다
가슴 미어질 듯 벅찬 기쁨

주체할 수 없어
구름에게 속삭인다

너도 들었니
또렸한 한마디

별들도 알고 있었을 게야
맑디 맑은 속내

편지

사랑해요 나의 신부님 잘 잤어요
세상에서 가장 아름다운 말

바람결에 날아가 버릴까
애타게 마음 졸이는 설레임

햇볕이 어여쁜 아침
봄이 오는 소리가 가만 가만 들려요

그대가 있어 더욱
가슴 벅찬 오늘

우리의 사랑도
봄빛으로 물들고 있겠지요

구월

더운 기운 살짝 흘려버린
상큼한 숲
다람쥐 상수리나무 우듬지에서

잎새째 꺾여져
벗어 놓은 아이들

신발 짝처럼 멋대로
왁자지껄한 도토리들

탁 타닥 어흠
점잖게 알밤 떨어지는 소리

낮잠에서 잠시 눈떠
입맛 다시는 누렁이

입아귀로 흘러내리는
가을 노래

꽃향기 글향기

스물 아홉
병마에 갇혀
세상을 버려버린
김유정

일본의 발길에
피멍든 절규
해학으로 풀어낸 글재간
실레이야기 길*, 열여섯 마디 마디
겨레의 한

말을 잃어 버려
눈시울이 젖어있는 금병산**

너 아직 취해 있는가
글향기 꽃향기에

* 김유정 소설 〈실레 이야기〉 배경이 된 길
** 강원도 춘천시 심동면 김유정 문학촌을 둘러싸고 있는 산

달의 얼굴

조금 기울어 진
열이레 달

모난 얼굴
어루만지고 쓰다듬어
둥글게 빚어 놓으면

어느새
하현달로 이울어간다

짝사랑에 쓰린 상처
살갑게 나를
안아주면 좋으련만

또 다른 무심한 얼굴로
뭉싯거리며 흐른다

애끓는 이 마음 정말
모르지 않을 텐데

기쁨

고희古稀를 갓 넘긴
투박스런 애무愛撫에

속절없이 달아 오른 열정
내 몸 어디에 숨어 있던
정열이 타올랐을까

벙긋이 웃음 짓는
시클라맨 진홍빛
파안대소破顔大笑 하는 제라늄
꽃잎에 물들었나

하현달
은실에 꿰인 듯
창문에 매달려 실눈을 뜨고 있네

구름 속을 거닐다

맑고 깨끗한 영혼으로
단정하게 풀 먹인
흰 두루마기 펄럭이며
구름 속을 거니는 신선을
만나다

찌는 더위 만큼 손댈 수 없이
인간 세상의 덕지 덕지 쌓인 때
말끔히 씻겨지는 비
억수로 쏟고 또 쏟아붓고
싶다고

시인의 눈
— 수리산에서

노을이 고운 빛깔로 새벽을 두드리는
수리산의 아침
솔향기 자욱한 산림욕장
초록으로 눈을 뜬다

날마다 기氣체조하며 건강의 옷을
덧입고 사는 사람들

“마리아 형님 저기 학 한 마리
누가 나무 위에 깎아서 걸어 둔 걸가요?”
”에이 아니야 그냥 나무야
아니 전봇대인가봐“

왜 시인의 눈에는 학으로 보였을까
명상에 잠긴 고고함으로

소나무가 내뿜는 피톤치드를
과하게 마셨나

문화의 향기

— 문화예술회관 축제에

삶의 멋과 맛을 풍기며
잠시 발걸음을 멈추게 하는 포스터

온갖 몸짓으로 그려내는 고뇌
아름다운 소리로 뿜어내는 기쁨

빵만으로는 살 수 없는 삶이
그림판에서 몸부림 치는 예술혼

꺼지지 않는 불꽃으로
삶을 풍요롭고 멋지게 연출한다

소통
— 미국 제퍼슨 공원에서

초록빛 듀엣으로 한국의 바람을 불러들였습니다
위대한 정치가이며 철학자인 대통령도
뚜벅뚜벅 걸어나와

함께 노래를 불렀습니다
우리는 금새 트리오가 되었지요
국경은 물론 없고
인종 차도 편견도 없는 자유의 품에서
노래의 화음으로 소통했습니다

반쪽으로 갈린 작은 나라의
애절함이 "숨어 우는 바람"* 속에서
녹아 내렸습니다

동방의 예의지국禮儀之國
아침 고요의 나라로 알고 있는 그분
동병상련同病相憐의 아픈 상처도
양국 독립선언문에 묻어 있었습니다

그분은 지금의 코리아를
무척 사랑한다고
평화통일도 간절히 소망하고 있다고
탄생 200주년 기념관 앞
아름다운 공원에서 말했습니다

우린 한국전쟁 때 희생된
젊은이들에게 고마운 마음
고개 숙여 전달했습니다

그분의 소망이 곧 우리의 염원이겠지요
가슴에 깊이 담았습니다
꼭 이루어지리라 믿는 간절함으로

* 한국 가요 제목 〈숨어 우는 바람소리〉

플라멩코

— 스페인에서

조금은 거칠고 강열한
아름다움이
관객 속으로 거침없이 뛰어드는 율동
인간의 야망과 사랑의 찬가
칼춤보다 아슬아슬한
예술의 승화로
가슴을 서늘하게도 뜨겁게도
마음대로 흔들고 압박해 온다
태고太古의 숲으로 돌아가는가 하면
현대를 질타하는 난무
조상의 얼이
춤 속에 촘촘히 박혀
빛을 뿜어 낸다
오랜 역사 깊은 앙금이
뜨겁게 불타오른다

봄날 점심

연한 쑥 잎 몇 첨
정구지도 두어 장
애호박은 어슷 썰어
밀전병을 부쳤다

설악산으로
동창 모임에 갔을 때
먹던 쑥부침이 향이
그 많은 세월을 겹겹이 누비더니

수리산에 와서
오래된 안부를 묻는다
그 맛이다 그때 그 맛
보고싶다 친구야

제4부

꿈꾸는 생명나무

벙어리장갑

12월의 아침
손이 차가워
자투리 털실을 모아
손뜨게로 벙어리장갑을 짰다

문득
엄마 생각
그리움에
코끝이 맵사하다

엄마
가만히 불러본다
마음까지 훈훈해 지는
따스함

엄마
나직이 불러본다

헝겊 주머니

잠시도 내 곁을 떠나지 않는
지극 정성의 사랑

추울 때는 겉옷 하나 더
더울 때는 더 얇은 옷으로 바꾸고
눈비가 내리면
당신 옷을 벗어 입히시던
그 사랑 어디에 비하랴

손수 지으신 주머니 가방
내게 필요한 모든 게
담겨진 헝겊 주머니

멋스럽지 않아도 곱고
화려하지 않지만 다정한

누구도 대신 할 수 없는
그리운 할머니

호접난

아침에 눈뜨면 그 맑은 눈빛으로
내게 다가오는 고운 미소
백일이 넘도록
나를 어딘가 선경 속으로 데려가고
내가 살아 있음에
기쁨 가득하게 한다
흰나비처럼 사뿐히
모양새 하나 비뚤지 않고
전 세계를 손 안에서 흔들어 대는 세균도
겁내지 않는 고고함
내 사랑 귀한 꽃
위풍당당하라, 그 신비

능소화

주홍빛 꽃송이 마다
단 한 번의 성은이

절절한 기다림에
고운 울음 빛깔로 피어난 꽃

하늘 끝 하얀 구름도
아픔 베어 물고 갈채를 보낸다

봉숭아꽃 물들이기

맑은 이슬의 향기로 오시는 할머니
지난밤 달빛을 품어 더더욱
자애로움이 묻어 나는 내 할머니

피마자 잎으로 꽁꽁 싸맨
열 손가락이 너무 저려
잠결에 빼어 버린 봉숭아 꽃물

몇 번을 더 들여야
마음에 흡족한 빛이 될까
"아직 멀었어, 고운 빛 되려면"

시침실로 옹골지게 묶어주시던
매운 솜씨 따라가려면
아직 멀다

봉숭아 꽃물을 들이는 나의 여름은
폭염에도 끄떡없다
맑은 이슬의 향기로 오시는
할머니 생각에

단비

마음 가득 못 담은 아쉬움
뜨겁게 채우지 못한 허전함

풀잎에 고운 이슬로
방울져 내리네

비워 놓은 가슴 한켠에
홍건히 고이네

사랑으로 날숨 들숨
열매 영그는 소리

아기새

수리산 산책길
새 먹이 한줌 뿌려놓으니
내 얼굴 빤히 바라보던
작은 새는 어디로 날아 갔나

맛있는 열매 향
바람을 누비는데
스마트 폰 꺼내들고
기다리고 기다려도 보이지 않네

한 컷 찍으려던 아기 새
내 작은 소망
빨리도 눈치채 버렸군

들녘에 서서

가을 걷이도 끝낸
온 우주를 끌어 안은 들판에
홀로 서 보는 저물녁

봄 눈 속에서 태동하던
생명의 꿈틀거림이
온 땅을 뒤흔들던 아우성

태양과의 열애 속
피워 낸 꽃들 어우러져 영그는
풍요로움 그득한 대지여

봄 여름 가을 깊게 마름질 해
겨울을 준비하는
자연의 성스러움이여

군포 이야기

꿈빛강사 숲생태 해설사
아름다운 이름처럼
초록빛으로 반짝이는 일터

맑은 눈 초롱초롱한
어린이들에게
이것은 보리수, 요것은 버찌, 뱀딸기

저것은 산딸나무
예쁜 십자 모양의 하려한 꽃받침으로
나비와 벌을 유혹한다

때죽나무 이름은 거칠어도
하얀 종처럼 조롱조롱 매달린 꽃
영어 이름은 스노우 벨(snow bell)

수리산은 군포의 보물
초막골 생태공원과 함께
생동감 넘치는 멋진 자연 속
날마다 희망찬 내일로 달린다

훨훨 황새 영감님

무명을 가지시오 무명이오
이야기를 사오 무명을 거져 주고
이야기를 사겠소

흰 두루마기에 무명필을 메고
장터를 훨훨 휘젓고 다닌다

마나님이 이야기를 안해주면
못 사는 성미라서
보비위 하느라
장터 안을 누비고 다닌다

훨훨 황새처럼
글쎄 누가 이야기 보따리를
얼마나 가지고 있어
무명필을 차지 할는지

해는 이미 설핏 기울어
다음 장으로 짐들을 챙기는데

파장이 되도록
지친 다리를 끌고 다니는
훨훨 황새 영감님

부석사

부석사를 처음
만나러 가는 설레임

석가모니 큰뜻
가득 채워

사랑으로 저를
품어 주소서

나물 한 접시
— 부석사 문학기행

꾸불꾸불 꼬부랑 산길
전동차 압구정역 출발
세 시간을 달려 초록빛으로
윤기나는 봉화마을 도착

싱그러운 오월의 야트막한 산
온 천지가 고운 빛을 뿜어내고 있다
아주 조신한 얼굴로
'어서 오세요' 반가운 웃음 가득 담고

간고등어 도토리 묵 막걸리 한 보시기
생 두부에 어머니 손맛 양념장
소박하고 정성어린 시골 맛
더 주세요, 나물 한 접시

책 읽는 우리 동네

날마다 친구로 다가오고
스승으로 이끌어
학문으로 다듬는 도서관

수리산 소나무 숲
'은빛나비 북 까페' 책들
아침노을에 물들어
봄눈으로 시를 낭송한다

오름길 옆
'시' 한편 들고 서서
낮달과 눈 마주치자
쑥스러워 가슴 설레는 시화詩畫

아이들 손잡고
도서관 찾는 젊은 부부들
밝은 내일이 보인다

책 읽는 소리에
덩달아 새들도
노래로 시를 읊는다

꿈꾸는 생명나무

— 오이도 뚝방길에서

새롭게 단장한 뚝방길
황새바위까지 볼 수 있는
밤 바다와 가만히 만났다

산뜻한 신작로가 제법 운치있고
멀리 보이는 송도
명멸하는 네온으로 유혹한다

포근한 겨울바다 봄날처럼
보이지 않는 생명의 태동이
우주의 작은 생물로 번식되고

무지개 빛으로 치장한 생명나무
아름다운 색으로 바뀔 때마다
신비로운 마음으로 번진다

제5부

황금의 노래

따뜻한 손
— 교황님 오시던 날

맑은 얼굴 가득
아침 이슬처럼 일렁이던 미소
내게로 번져옴은 무슨 뜻일까

프란치스코 성인
세례명을 가슴에 달고
과분하지 않을까 망설이던
그 사람 얼굴이 교황님 미소 안에
가만히 번지고 있었다

아픔을 어루만질 때마다
기쁜 빛깔로
희망의 물방울이 되어
한움큼씩 풀려나오던 따뜻한 손

보는 이들 가슴마다
감동의 수를 놓으셨다

못내 삼켜야 하는 울음의 아픔
— 갑자기 하늘로 떠난 내 동생

목메이게 불러도 대답없는 너
내 동생 정래야

어찌 그 멀고 험한 길
그토록 좋아하는 언니 얼굴 좀 보고
떠나지

그냥 그렇게 야속하게 가다니
"언니, 너무 아퍼"
아직 그 목소리 내 귀에 고여 가슴을 적시는데

"언니-"
금방 들어설 듯한
환각 속에서 거짓말같은
너의 죽음을 어떻게 믿어야 할지

냉혹한 현실은 사실이라고 외치는구나
아니야 악몽일 거야
그럴 리 없어

하느님 당신이 보내셨습니까?
고통에서 건져 가셨습니까?
영원한 생명의 나라로 보내셨나요?

하느님 다시 보내주실 수는 없나요?

하느님! 하느님!
못내 삼켜야하는 울음의 아픔을
당신은 아시나요?

성모님 앞에 서면

따뜻한 눈빛에
저절로 마음이 녹아 내리고

두손 모아
성모님을 부르게 됩니다

지난밤 차가운 바람 불어
춥지 않으셨나요

빙그레 웃으시며
나를 바라보시는 다정한 눈

어제도 오늘도
언제나 한결 같으신 어머니

사랑의 꾸러미 묵주에 꿰어
우리 모두에게 주시는 성모님

어렵고 힘든 일 모두
내게 맡기고 용기 있게 살아라 하십니다

남을 배려하는 사랑의 마음으로
어려움을 거들어 주는 따뜻함으로

넉넉한 마음 가득 넘치게 하시는
하느님께 기대어 성모님을 불러봅니다

항상 우리 곁에
사랑으로 다정하게 머무시는 성모님

찬미 받으소서 영원 무궁히
이 아름다운 오월은 성모님의 달입니다

황금의 노래

— 노년의 일자리

강추위를 뚫고
작은 손 노랗게 흔들며
봄을 선포하는 산수유
햇살 뿜어내며 뽐낸다

담아온 세월 갈피마다 쌓인
아낌없는 사랑 가족을 위해
손톱이 닳도록 희생한 보람
자랑스럽고 애달프기도 하다

서로를 배려하고 협조하며
해낼 수 있다는 자긍심으로
오늘을 충실히 일하는 기쁨
황금의 노래를 목청껏 부르자

초막골

미세먼지 밀어내느라
새벽부터 바쁘다

올챙이 까만 고리 흔들고
도룡용 투명한 알 줄줄이
두꺼비 알 곁에 다가간다

노루귀꽃 생강꽃
이른 아침을 휘젓고
숨가쁘게 봄을 알린다

큰딸에게

두 돐도 안 된 네게
안경을 씌웠을 때 내 아픈 마음
너무 미안하고 안쓰럽고

고등학교때 안경을 벗은 그 맑은 눈이
내 가슴속 깊은 앙금을
말끔히 닦아준 해결사였어

맏이의 자리에서
덕스럽게 동생들을 보살피는 아량은
직장을 가진 세 아이의 엄마를

감동시킬 때마다
미안하고 고마운 마음
어찌 고스란히 너에게 전달될까

여기까지 잘 살아왔고
행복한 것도 너의 공이
너무 크다, 내 큰딸 사랑한다

작은딸아

첫 조카인 언니에게
폭 빠진 외갓집
이모 외할머니에게서 밀려난 서운함

꿋꿋하고 제 할 일 깔끔하게
언니 대우 넘치고 동생 다독이며
정감 있게 척척, 작은딸

장녀라서 첫손에 꼽히고
장남이라서 또 밀리고
하지만 첫째를 탐하지 않는 고운 마음

늘 한발 물러나 있는 듯하면서
가깝게 다가서는 정겨움으로
곧잘 엄마를 챙기는 예쁜 너
사랑한다, 막내딸

그리운 고국

밥이 모자라던 시절
그때 소원은 배불리 먹는 것

소꿉장 사발에 모래로 지은 흰쌀밥
대접 가득한 고깃국

그 간절함 만큼이나
가고픈 고국

오히려 지금은 배불리 먹고
체중 감량하기 땀나고 숨 가쁘다

전화는 항시 부재중
돈 버느라 즐겁고
쓰기는 더 기쁜 뒤바뀐 내 나라

가고 싶고
만나고 싶은
그리운 얼굴들

내 상상의 간절한 도면圖面

(재미교포 한준섭의 바람)

까치집

열아홉 평 조그만 베란다
에어컨과 벽 틈바구니에
까치집이 생겨났다

며칠째 짖어대길래
반가운 손님 온다는 소식일까
내다 보다 깜짝 놀랐다

내가 왜 반가울까
암수가 번갈아 알을 품는지
드나 들며 기척을 잊지 않는다

어떻게 해야 하나
누구한테 물어 봐야 할까
달님은 조용하고 별님은 눈만 반짝

자알 품어 새 가족 데리고
건강하게 떠나주길
따뜻한 가슴으로 두손 모아 본다

막둥이 장남

어미 눈에는 항상 막내둥이나
더러는 의젓한 장남이 되어

낯설기도 하고
든든해 지기도 한다

아름다운 호반의 도시 춘천에서
서울을 오가며 힘들어 하는 주말 부부

간절히 기도하는 엄마 마음 알지
힘내 너의 성실함이 곧 빛을 볼 거야
그때는 우리 함께 활짝 웃자

내가 좋아하는 찰옥수수 수밀도
슬그머니 내 방에 디밀고 가는
듬직한 모습

충분히 나를 기쁘고 흐뭇하게 한다
사랑한다, 아들

발문跋文

숲의 숨결에서
시의 맥락을 찾아내는 구름 시인

| 발문跋文 |

숲의 숨결에서 시의 맥락을 찾아내는 구름 시인

— 노춘래 시집 《수줍은 달》

차윤옥

(시인·계간문예 편집주간)

자연을 사랑하는 마음

노춘래 시인이 두 번째 시집 《수줍은 달》을 상재한다. 첫 시집 《구름소풍》이 나온 지 7년만이다. 시인들은 왜 시를 쓸까. 시를 쓰는 이유는 시인마다 다르지만, 노춘래 시인은 해와 달, 구름과 별, 산과 바다, 나무와 꽃 등 모든 자연이 시를 쓰라고 부추기며 독려한다고 생각한다.

나는 달은 사랑한다.
달이 떠오르면 흠뻑 빠져 나를 잃어버린다.

이상한 일은
한 번도 만족한 달의 시를 못 썼다는 게 너무 아쉽다.
달뿐이 아니라 하늘의 해와 구름과 별이
모두 나를 사로잡는 시의 구성원이다.
산 바다 강 꽃
이 모든 자연이 나를 부추기고
시를 쓰라고 독려한다.

다만 내 자신이 그 뜻에 따라
충분히 발휘 못하는 기량에 부끄럽다.
정진하고, 연마해서 괜찮은 시를 쓰고 싶다.

— 〈시인의 말〉 일부

자연이 시를 쓰라고 부추기고 독려한다는 시인의 말을 읽으며, 노춘래 시인은 도대체 어떤 시인이기에 자연이 시를 쓰라고 부추겼을까. 《수줍은 달》 속에 등장하는 해와 구름과 별, 산과 바다, 나무와 꽃 등은 과연 어떤 모습인지 자못 궁금하다. 〈군포 이야기〉부터 살펴본다.

맑은 눈 초롱초롱한
어린이들에게
이것은 보리수, 요것은 버찌, 뱀딸기

저것은 산딸나무
예쁜 십자 모양의 화려한 꽃받침으로
나비와 벌을 유혹한다

때죽나무 이름은 거칠어도
하얀 종처럼 조롱조롱 매달린 꽃
영어 이름은 스노우 벨(snow bell)

—〈군포 이야기〉일부

코로나 팬데믹 시대인 요즈음, 자연 만큼 안전한 곳이 없기에 자연휴양림을 찾는 사람이 늘고 있다. 덕분에 숲 생태 해설사들이 각광을 받는다. 해설사들은 도심을 떠나 수목원이나 자연생태공원 등을 찾는 사람들에게 자연과 인간과의 관계에 대해 설명해 준다. 숲 속에 사는 동식물이나 곤충들, 나무와 숲에 대에 올바르게 이해할 수 있도록 도와준다.

노춘래 시인은 자연을 사랑하는 마음 자세를 갖춘 숲 생태해설사이다. 초록빛으로 반짝이는 숲속 자연이 시인의 일터인 셈이다. 수리산에 있는 초막골 생태공원에서 일주일에 한 번씩 어린아이들과 만나는 꿈빛강사로 봉사한다. 어린이들에게 꽃에 대해, 나무에 대해 하나하나 설명하다 보면 본인은 더 많은 것을 배운다고 이야기할 때는 스스로 어린아이가 되는 듯하다.

인용 시 〈군포 이야기〉에서는 '생동감 넘치는 멋진 자연 속/날마다 희망찬 내일로 달린다'라고 노래한다. 수리산은 군포의 보물이라며 아이들과 함께 수리산이 주인공으로 등장한다. 시인은 현재 군포시에 거주한다. 시인의 집과 가까운 곳에 수리산이 있어 수시로 오르내린다. 수리산에 대한 애정은 〈군포 이야기〉에서 뿐만 아니라, 다른 시에서도 이어진다.

'물소리/새소리/바람소리/거저 그냥 주고/아낌없이 위로하며/숨통을 틔워 주는 수리산 오름길//가냘픈 진달래 /날마다 활기를 꽃잎에 물들이고/파란 하늘 /자유로운 구름의 붓놀림이/마냥 부럽다'

— 〈수리산 오름길에서〉

'날마다 친구로 다가오고/스승으로 이끌어/학문으로 다듬는 도서관//수리산 소나무 숲/'은빛나비 북카페' 책들/아침노을에 물들어/봄눈으로 시를 낭송한다//오름길 옆/'시' 한편 들고 서서/낮달과 눈 마주치자/쑥스러워 가슴 설레는 시화詩畫'

— 〈책 읽는 우리 동네〉

'지난밤 달마중 나갔던/수리산 산책로 /별빛만 쏟아지더니//윤사월 초파일/부처님 오신 날 봉축하던 연등 너머/넘치는 자비심 새벽달로 빛나고 있다'

— 〈윤사월 새벽달〉

'노을이 고운 빛깔로 새벽을 두드리는 /수리산의 아침/솔 향기 자욱한 삼림욕장/초록으로 눈을 뜬다 //날마다 기氣 체조하며 건강의 옷을/덧입고 사는 사람들'

— 〈시인의 눈〉

수리산 생태공원, 수리산 오름길, 수리산 소나무 숲, 수리산 산책로, 수리산의 아침 등 《수줍은 달》 속에 등장하는 수리산의 모습은 다양하다. 초파일에 달마중 나가는 곳도 수리산이고, 삼림욕하는 곳도 수리산이고, 책 읽으러 가는 곳도 수리산이다. 수리산을 사랑하고 가까이하는 시인의 마음이 시 속에 고스란히 녹아 있다.

첫사랑의 수줍은 달

달은 지구의 유일한 자연 위성이다. 달은 우리 정서에 아주 친밀하게 다가온다. 특히 한해의 첫 보름달이 뜨는 정월대보름과 한가위(추석-음력 8월 15일)는 우리나라 명절로 기념한다. 대보름달은 풍요를 상징한다. 모든 부정과 사악을 살라버리는 정화의 상징으로 달집태우기 행사도 즐긴다. 질병이나 근심이 없는 한 해를 맞는다는 희망의 행동이다. 정월 보름달을 먼저 보는 사람은 복을 더 많이 받는다고 해서 서로 먼저 달을 보려는 풍습도 있다. 우리나라 속담 중에 "옷은 시집 올 때처럼, 음식은 한가위처럼"이나 "더도 말고 덜도 말고 한가위만 같아라."라는 말이 있다. 한가위 때는 온갖 곡식이 무르익기 때문에 잘 먹고 잘 입고 잘 놀며 잘 살기를 바라는 마음이 담겨 있는 속담이다. 이처럼 달은 항상 우리 곁에서 친구처럼 지내는 사이라고 할 수 있다.

동짓달 초열흘
소나무 무릎에 내려앉은 달

무뚝뚝한 나무 껴안고
살짝 붉어진 얼굴

달아오른 속내가 부끄러워
어찌 신방에 들려나

그리움에 푸욱 빠진
수줍은 달

시고 떫고 풋풋한
첫사랑을 피내고 있다

— 〈수줍은 달〉 전문

달은 지구 주위를 공전하면서 모양이 변하기 때문에 이름도 여러 개를 갖는다. 초승달, 상현달, 보름달, 그믐달 등이 있다. 달은 자전주기와 공전주기가 동일하다. 달은 스스로 빛을 내지 못한다. 태양빛을 받아 지구 쪽으로 반사한다. 태양도 돌고, 지구도 돌기 때문에 서로의 위치에 따라 빛을 받는 면이 달라진다. 그래서 달의 반사면을 어느 방향에서 관찰하느냐에 따라, 모양이 매일매일 다르게 보이고, 이름도 다르다. 다양한 이름에 한 가지 더 추가하면 '수줍은 달'이 있다. 이 시집의 표제작이기도 하다.

동짓달 초열흘에 소나무 무릎에 내려앉아서, 무뚝뚝한 나무 껴안고 살짝 붉어진 얼굴의 주인공이 바로 '수줍은 달'이다. 상현달과 보름달 사이 중간에 뜨는 달 이름을 '수줍은 달'로 노래하는 노춘래 시인의 손을 들어준다. 시고 떫고 풋풋한 첫사랑을 펴내고 있는 수줍은 달에 함께 푸욱 빠져보면 가슴 깊이 잠자고 있는 그리움이 덩달아 스멀스멀 피어오른다.

하현달 외로운 새벽
조금씩 뒷걸음치는 어둠

동트는 하늘은
분홍빛 보랏빛으로 곱디곱다

소나무 훌쩍 큰 키
반듯한 이마에

아침노을을 적셔
긴 붓으로 획을 그으니

투박한 나무도
배시시 아기 얼굴로 웃는다

— 〈새벽〉 전문

초여드레 반달은
바쁘게 구름 속을 드나들며
내 영혼을
흘끔흘끔 곁눈질한다

사흘 전만 해도
아기볼처럼 살이 오른
초엿새 얼굴로 새침을 떨더니

아예 오늘은
펑퍼짐한 아낙의
엉덩이로 슬쩍 끼를
내비친다

만월滿月로 뽐낼 때
교만함도 잊고
더 높이
둥싯둥싯 손짓한다

— 〈반달〉 전문

조금 기울어 진
열이레 달

모난 얼굴
어루만지고 쓰다듬어
둥글게 빚어 놓으면

어느새
하현달로 이울어 간다

짝사랑에 쓰린 상처
살갑게 나를
안아주면 좋으련만

또 다른 무심한 얼굴로
뭉싯뭉싯 흐른다

애끓는 이 마음 정말
모르지 않을 텐데

— 〈달의 얼굴〉 전문

나 혼자만 사랑하는 줄 알았는데
달님이 빙그레

나도 너를 사랑한단다

가슴 미어질 듯 벅찬 기쁨

주체할 수 없어
구름에게 속삭인다

너도 들었니
또렷한 한 마디

별들도 알고 있었을 게야
맑디맑은 속내

— 〈짝사랑〉 전문

반달은 반쪽 모양의 달이다. 상현달과 하현달 두 종류를 반달이라고 부른다. 같은 반달이라도 오른쪽 부분이 밝으면 상현달이고, 왼쪽 부분이 밝으면 하현달이다.

상현달은 음력으로 8일 경에 뜬다. 상현달은 주로 해가 질 무렵에 남쪽 하늘에서 볼 수 있는 달이다. 보이는 면이 차츰 밝아지고, 달이 점점 커지면서 보름달이 된다.

하현달은 남쪽 하늘에서 떠서 서쪽 하늘로 지는 반달이다. 보름과 초하루 사이 중간쯤, 음력으로 22일 경에 뜬다. 밤 12시 경에 떠, 이른 아침에 왼쪽이 반달 모양으로 보인다. 낮 12시 경까지 떠 있는 낮달이다. 보이는 면이 차츰 희미해지면서 그믐달이 된다.

윤극영 선생님이 1923년에 작사 작곡한 동요 〈반달〉이라는 노래가 있다. '푸른 하늘 은하수 하얀 쪽배엔 계수나무 한 나무

토끼 한 마리 돛대도 아니 달고 삿대도 없이 가기도 잘도 간다 서쪽나라로 // 은하수를 건너서 구름 나라로 구름 나라 지나선 어디로 가나 멀리서 반짝반짝 비치이는 건 샛별이 등대란다 길을 찾아라' 나라 잃은 슬픔을 돛대도 삿대도 없이 흘러간다고 표현한 슬픈 노래다. 새벽에 동쪽 하늘에 매우 밝게 빛나는 별이 샛별이다. 동요 속 반달은 서쪽 나라로 가고 있는 하현달이다. 돛대도 삿대도 없지만 동쪽 하늘에 빛나는 샛별을 등대 삼아 길을 잘 찾아 서쪽나라로 간다.

'아침노을을 적셔/긴 붓으로 획을 그으니//투박한 나무도 / 배시시 아기 얼굴로 웃는다'라고 노래한 시 〈새벽〉 속에 분홍빛 보랏빛으로 곱디고운 하늘에서 동이 터 오고 하현달은 조금씩 뒷걸음치는 모습을 볼 수 있다. 시인의 붓끝을 따라가 보면 소나무 위에서 웃고 있는 하현달이 그려진 한 폭의 동양화가 보인다.

아기볼처럼 살이 오른 달이 '초여드레 반달은/바쁘게 구름 속을 드나들며/내 영혼을/흘끔흘끔 곁눈질'하며 새침떼기에서 펑퍼짐한 아낙으로 변한다. 곧 만월이 될 것이라는 기대에 한껏 부풀어 있다.

하현달로 이지러지는 달의 얼굴은 '짝사랑에 쓰린 상처/살갑게 나를/ 안아주면 좋으련만//또 다른 무심한 얼굴로/뭉싯뭉싯 흐른다//애끓는 이 마음 정말/ 모르지 않을 텐데'라고 노래하는 시인의 마음을 몰라준다. 모난 얼굴을 어루만지기도 하고 쓰다듬기도 하며 둥글게 빚어 놓으면, 다시 반달로 그믐달로 변한다.

시인은 자신의 사랑을 외면하는 달이 원망스러울 텐데, 여전히 달을 좋아한다. 시간이 흐르면 다시 둥근달로 돌아오리라는 것을 믿기 때문이다. 시인의 짝사랑은 일방적이지만, 달에 대한 일편단심은 변하지 않는다. '나 혼자만 사랑하는 줄 알았는데/달님이 빙그레//나도 너를 사랑한단다/가슴 미어질 듯 벅찬 기쁨//주체할 수 없어/구름에게 속삭인다'라고 흥분해서 구름에게 별들에게 자랑한다. 수줍은 달에 투영된 시인의 첫사랑이 드디어 이루어졌다. 사랑을 이룬 주인공들의 해피엔딩은 끝이 아니라 새로운 시작이다.

윤극영 선생님의 반달이 탄생하고 100년이 지난 2022년의 반달은 어떻게 진화했는가. 노춘래 시인이 노래한 상현달과 하현달에서는 슬픔보다는 희망을 읽을 수 있다.

노춘래 시인은 구름 시인이다

노춘래 시인은 하늘에 있는 것을 많이 좋아한다. 특히 구름을 더 좋아한다. 첫 시집의 제목이《구름소풍》이다. 〈구름소풍〉 속에서 못다 한 구름에 대한 사랑은《수줍은 달》로 옮겨온다. 공기에 있는 수증기가 아주 작은 물방울이나 얼음 알갱이로 변하여 공중에 뭉쳐 떠다니는 것이 구름이다. 우리 인류는 오랫동안 농업에 의지해 살아왔다. 하늘을 숭배하며 농업에 필요한 자연의 변화에 민감할 수밖에 없었다. 비가 언제 내릴지 구름의 변화를 주시하면서 지냈다.

'구름 낀 신촌벌 일요일
소쿠리에 건져진 장어 한 마리'

— 〈1950년 6월 25일〉

'여럿이 맞잡은 그물 위에
뛰어 오른 물고기 비늘
햇빛을 튕겨
무심한 구름에게 수작을 건넨다'

— 〈강릉 가는 길〉

'가을 품은 흰 구름
솜사탕으로
달콤하게 녹아내리네'

— 〈대관령 가는 길〉

'가냘픈 진달래
날마다 활기를 꽃잎에 물들이고
파란 하늘
자유로운 구름의 붓놀림이
마냥 부럽다'

— 〈수리산 오름길에서〉

'뾰족이 밀어 올리는 새순
빛나는 햇살은
구름에게 눈짓으로 꽃잎 틔운다'

— 〈겨울 나무〉

'구름은 가을을 빚어
바람 갈피마다
솔향기 수놓는다'

— 〈까치 한 마리〉

'초여드레 반달은
바쁘게 구름 속을 드나들며
내 영혼을
흘끔 흘끔 곁눈질 한다'

— 〈반달〉

'하늘 끝 하얀 구름도
아픔 베어 물고 갈채를 보낸다'

— 〈능소화〉

'사월의 고운 하늘 가득
쉬임 없이
올망졸망 더러는
숨이 막힐 듯 웅장하게 빚어
솜씨를 보이는 구름 구름 구름'〈선유도〉

'하늘 그득하던 구름덩이
흩어졌다 모여들 듯
뭉클 가슴 뜨겁게 하는 소중함'

— 〈버팀목〉

'구름도 한몫
솜사탕 빚어 꽃무늬로
지휘봉을 휘두르네'〈봄비〉

'맑고 깨끗한 영혼으로
단정하게 풀 먹인
흰 두루마기 펄럭이며
구름 속을 거니는 신선을
만나다'

—〈구름 속을 거닐다〉

하늘에 떠 있는 구름은 언제 모양을 바꿀지 모른다. 우리말로 표현하는 구름의 이름을 살펴보면, 양떼구름, 새털구름, 비늘구름, 면사포구름, 조개구름, 뭉게구름, 먹구름 비구름 등 여러 가지 이름으로 불린다. 노춘래 시인은 구름의 종류를 나누지 않는다. 그냥 구름이라고만 칭한다.

인용한 시 외에도 《수줍은 달》 속에 등장하는 구름은 노춘래 시인의 자유로운 영혼과 동행하는 친구가 된다. 구름은 하늘에 떠 있으나 한 곳에 머물지 않고 여기저기로 떠다닌다. 일정한 모양을 하지 않고 바람 따라 형태를 바꾸기 때문에 구름은 자유를 상징하기도 한다. 또 현실에서 멀리 있는 환상적 경지 등을 나타내기도 한다. 시인은 자유를 갈망한다. 시인은 이 세계를 어떻게 만들고 싶은가에 대한 목표를 가지고 하루하루 생활해야 한다. 자기기만에 빠지지 않고 완전한 자유 속에서 자신의 인생을 예술작품처럼 창조해 내야만 자신의 가능성을 깨달을 수 있다.

구름은 많은 나라의 신화에도 등장한다. 단군신화에서 환웅은 비와 바람과 구름의 신을 거느리고 신단수에 내려왔다. 그리스 신화에서 번개는 제우스를 상징한다. 제우스는 구름을 모으고 비를 내리고 번개를 무기로 썼다. 중국 건국신화에서 반고가 화나면 무거운 구름으로 세상을 온통 뒤덮었다고 한다. 신화에서뿐만 아니라 구름은 우리에게 중요한 상징을 안겨준다. 제헌절 노래도 '비구름 바람 거느리고 인간을 도우셨다는 우리옛적 삼백예순 남은 일이 하늘 뜻 그대로였다…'라고 시작하듯이.

노천명 시인은 〈구름같이〉라는 시에서 '바닷가에서 눈물짓고/ 이슬언덕에서 노래 불렀소./ 그러나 뜻 모를 인생/구름같이 왔다 가나보오'라고 노래했다. 천상병 시인은 구름을 하늘의 빈털터리 꽃이라고 노래했다. 구름을 노래한 시인은 많다. 시인들이 노래한 것처럼 구름은 흘러가는 것이고, 누구나 인생은 구름같이 흘러가는 것이다. 노춘래 시인은 구름에게 짝사랑을 고백하기도 하고, 구름 속을 거니는 신선을 만나기도 한다. 그러니 구름 시인으로 명명하는 것은 당연한 일이지 않은가.

자신을 불사르면서 쓰는 시

시인이면 누구나 좋은 시를 쓰고 싶어 한다. 그렇다고 누구나 좋은 시를 쓰는 것은 아니다. 시 창작에 지름길이 따로 있는 것은 아니다. 시를 쓰는 것은 독립된 '나'를 발견하고자 함이고, '나'를 완성시켜 나가려는 성찰과 노력이 뒤따라야 한다. 인간은 태어날 때는 백지 상태이며 그 위에 경험이 채색되면서 점차 현실에 대한 지식과 이해가 구축된다. 백지상태라는 것은 우열이 따로 없다는 뜻이다. 누구든지 타고난 우열은 없다. 개인의 소양은 모두 태어난 후에 어떠한 경험을 하느냐에 따라 결정된다. 경험을 통해 인간은 무엇이든 될 수 있다. 경험하고 배우면서 성숙해진다. 다시 새롭게 배우는 일이 중요하다. 노춘래 시인은 주로 도서관에서 많은 시간을 보내며 시를 쓰고, 책을 읽고, 공부한다. 우리가 살아가는 데 있어 삶의 선택지는 다양하다. 그 선택지 중에서 어느 것을 어떻게 선택할지는 과거도 미래도 아닌, 오직 현재를 살고 있는 자신에게 달려 있다. 시를 쓰든지 책을 읽든지, 무엇을 선택할지 말이다.

생각과 기쁨이
나를 붙잡는
투명한 영혼들이
내 머릿속을 헝클어 놓고
혼미하게 홀리는
귀신들의 춤

때로는 아주 엄숙히
머리가 쭈뼛해지며 떨리기도
흐뭇한 행복감에 취하기도

나를 내가 다스릴 수 없는
끝없는 황홀경 속에서
방향감각을 잃는가 하면

태고로부터
오늘에 이르는 터널 속을
끝없이 서성이다
아주 정갈한 지식의 보고寶庫
헹구고 정리정돈까지
삶의 지표를 올곧게 이끌 때

번쩍 내 자신에게로 돌아온다

멀리 내가 우뚝 서야 할 곳
혼신의 노력을 다해
아름다운 언어로 감동을 주는
시詩를 깊이 갈고 닦기에
나를 불사르고 싶다

— 〈도서관〉 전문

날마다 친구로 다가오고
스승으로 이끌어
학문으로 다듬는 도서관

수리산 소나무 숲

‘은빛나비 북 카페’ 책들
아침노을에 물들어
봄눈으로 시를 낭송한다

오름길 옆
‘시’ 한편 들고 서서
낮달과 눈 마주치자
쑥스러워 가슴 설레는 시화詩畫

아이들 손잡고
도서관 찾는 젊은 부부들
밝은 내일이 보인다

책 읽는 소리에
덩달아 새들도
노래로 시를 읊는다

— 〈책 읽는 우리 동네〉 전문

노춘래 시인의 시를 읽다보면 시 속에, 시를 읽고 쓰는 시인의 품격이 잘 드러나 있다. 스코틀랜드 작가 새뮤얼 스마일스는 “읽는 책을 보면 그 사람의 품격을 알 수 있다.”고 말했다. 노춘래 시인이 어떤 책을 읽는지는 잘 모르지만, 〈책 읽는 우리 동네〉 속에 “오름길 옆/ ‘시’ 한편 들고 서서/낮달과 눈 마주치자/쑥스러워 가슴 설레는 시화詩畫…”라고 표현한 걸로 봐서는 아마 시를 주로 읽지 않을까 생각한다. 훌륭한 시를 찾아 읽는 능력과 좋은 시를 쓰려고 노력하는 자세는 시인이 기본적으로 갖추어야 할 소양이라 할 수 있지 않을까.

"멀리 내가 우뚝 서야 할 곳/혼신의 노력을 다해/아름다운 언어로 감동을 주는/시詩를 깊이 갈고 닦기에/나를 불사르고 싶다〈도서관〉"라는 그 의지로 노춘래 시인은 더 좋은 시를 쓰려고 노력하는 중이다. 시를 쓰는 일은 삶의 중심에 문학을 놓고 수시로 자문자답하면서 답을 찾아가는 것이라고 할 수 있다. 문학은 변화하는 것이고 변모하는 것이며, 새로운 것을 시도하여 낯선 세계에 도전하며 이루어내듯, 어려운 관문을 통과해야 한다.

전철을 타면 많은 사람이 스마트폰을 들여다보고 있다. 사람들은 왜 소셜미디어에 빠지는 것일까. 자신의 생각과 의견, 경험이나 관점 등을 서로 공유하기 위해 개방된 온라인상의 콘텐츠에 함몰되기도 하는 걸까. 그것은 예측이 불가능하기 때문이라는 것, 불확실한 것에 매력을 느끼는 인간의 본성 때문이라고 한다. 스마트폰을 들여다보는 것이 아니라 시를 읽는 모습을 볼 수 있기 바라는 마음 간절하다. 시를 읽지 않는다고 안타까워하면서도 시인은 시를 쓴다. 시인에게 있어 자신을 불사르면서까지 시를 쓴다는 것은, 시인이 살아가는 최고의 이유가 아니겠는가. 자신을 불사르면서 시를 쓰기 위해서는 낯선 세계에 도전도 해 보고, 여행도 다녀 봐야 한다. 자아를 찾기 위해 스스로 노력하는 것도 중요하다. 세상에서 가장 먼 길은, 바로 자기 자신에게 귀환하는 길이라는 말을 되새김질 해보면 좋을 듯싶다.

부석사를 처음
만나러 가는 설레임

석가모니 큰 뜻
가득 채워

사랑으로 저를
품어 주소서

— 〈부석사〉 전문

싱그러운 오월의 야트막한 산
온 천지가 고운 빛을 뿜어내고 있다
아주 조신한 얼굴로
'어서 오세요' 반가운 웃음 가득 담고

간고등어 도토리 묵 막걸리 한 보시기
생 두부에 어머니 손맛 양념장
소박하고 정성어린 시골 맛
더 주세요, 나물 한 접시

— 〈나물 한 접시〉 일부

노춘래 시인은 지난 5월에 봉화와 영주로 인문학기행을 다녀왔다. 여행을 다녀오더니 〈부석사〉와 〈나물 한 접시〉 두 편의 시를 탄생시켰다. 꾸불꾸불 꼬부랑 산길을 달려 도착한 부석사에서 시인을 반겨준 석가모니의 큰 뜻은 시인을 사랑으로 품어주었다. 어머니 손맛을 느낄 수 있는 소박한 인심은 나물 한 접시에 웃음을 가득 채워주며 시인의 마음을 사로잡았나 보다. 아는 만큼 보였을 테고, 본 만큼 시로 승화되었으리라. 여행은 발로 읽는 독서라고 하듯이, 걸으며 보고 듣는, 살아있는 체험이 바로 여행이다. 일상으로부터 탈출해 낯선 곳으로 떠나는 설렘은 얼마나 큰 기쁨인가. 새로운 것에서 작은 위안을 얻고, 새로운 것을 만남으로써 얻을 수 있는 기대치는 무한대라고 할 수 있다. 일상과 여행의 간격으로, 떠날 때의 모습과 돌아올 때의 모습은 엄연히 다르다. 여행을 통해 가득 채워졌을 마음만으로도 충분한 가치가 완성된다. 우리가 사는 일상은 여행이 무한 반복되는 것일지도 모르지만 일단, 짐을 쌀 때부터 다양한 에피소드가 만들어진다. 다녀와서 얻은 시는 또 다른 창조의 재미를 안겨준다.

어려서부터 독서를 좋아하고 글쓰기를 좋아한 시인

2009년에 늦깎이 시인으로 문단에 나온 노춘래 시인은 유년 시절부터 시인이 되고 싶다는 소망을 갖고 있었다고 한다. 등단한 지 10여 년이 지났으나, 아직도 초보 시인처럼 수줍어 한다. 시인은 어려서부터 독서를 좋아하고 글쓰기를 좋아했다. 특히 서울대 농대 도서관에서 근무할 때 책과 더욱 가까워졌다. 지금은 수리산 자락에 있는 도서관에서 책을 읽으며, 시를 쓰고 자연과 함께 지낸다.

반짝이는 잎새마다
햇볕은 연녹색에서 초록빛으로
피아노 건반을 두드리듯
손가락 끝에서 반짝 튕기고

질리지도 물리지도 않는 신선함이
녹슬어 가는 인간의 두뇌에
가뭄에 단비 뿌리듯
무궁무진한 자원을 안긴다

— 〈숲〉 일부

태양과의 열애 속
피워 낸 꽃들 어우러져 영그는
풍요로움 그득한 대지여

— 〈들녘에 서서〉 일부

아침에 눈뜨면 그 맑은 눈빛으로
내게 다가오는 고운 미소
백일이 넘도록
나를 어딘가 선경 속으로 데려가고
내가 살아 있음에
기쁨 가득하게 한다

— 〈호접난〉 일부

수수꽃다리 향기에 취해버린
어린 날의 흑백 사진

홍건히 고이는 그리움
눈물방울로 빚어지네

— 〈사진 한 장〉 일부

주홍빛 꽃송이 마다
단 한 번의 성은이

절절한 기다림에
고운 울음 빛깔로 피어난 꽃

하늘 끝 하얀 구름도
아픔 베어 물고 갈채를 보낸다

— 〈능소화〉전문

도서관 가는 길에 만나는 숲, 나무, 꽃 등은 노춘래 시인을 소녀 시절로 안내한다. '질리지도 물리지도 않는 신선함이/녹슬어 가는 인간의 두뇌에/가뭄에 단비 뿌리듯/무궁무진한 자원을 안긴다〈숲〉'라고 숲의 고마움을 노래했다. 숲이 우리에게 주는 효과는 다양하다. 스트레스를 해소시켜주고, 심리적 안정감을 주는 등 놀라운 치유효과를 준다. 가까이에 있으면 소중함을 잘 모르고 지나가는데, 노춘래 시인은 숲이 우리에게 무궁무진

한 자원을 안겨주는 고마움을 잘 안다. 숲의 숨결에서 시의 맥락을 찾아낸 시라고 할 수 있다.

한여름에 정열적으로 주황색 꽃을 피우는 능소화의 꽃말은 기다림과 명예다. 능소화는 담장이나 지지대가 있으면 타고 올라가 꽃줄기를 아래로 늘어뜨리며 몸매를 자랑한다. 그 모습은 가히 일품이다. '주홍빛 꽃송이 마다/단 한 번의 성은이//절절한 기다림에/고운 울음 빛깔로 피어난 꽃//하늘 끝 하얀 구름도/아픔 베어 물고 갈채를 보낸다'는 능소화의 절절한 기다림이 잘 표현된 시다. 슬픈 전설이 담겨 있는 꽃이지만, 구름도 갈채를 보내주니 명예를 지켜야하지 않겠는가. 역시 노춘래 시인을 구름 시인이라고 명명하길 잘했다는 생각이다. 구름이 등장하는 시가 헤아릴 수 없이 많기 때문이다.

첫 시집에 실려 있는 〈구름소풍〉의 마지막 연은 '까무룩히 잊고/내달려온 허물/ 양심 한 귀퉁이 열어 놓고/ 친근한 손짓으로 나를 부른다'라고 표현했다. 이렇듯, 달을 짝사랑하는 노춘래 시인에게 구름 시인이라고 불러서 미안하지만, 달과 구름을 시인의 저울에 올려놓으면 구름으로 살짝 기울 것 같은 느낌이다.

> '쓸쓸히 서 있는/들을 위로하듯/새들의 노래/햇빛을 누비고〈마름질〉
>
> 어느새 종달이도/높은 화음 넣어/만남의 기쁨 노래하네〈봄비〉
>
> 눈부신 아침/햇살 속을 누비는/청량한 노래〈새소리〉

낮잠에서 잠시 눈떠/입맛 다시는 누렁이/입아귀로 흘러내리는/가을 노래〈구월〉

인종차도 편견도 없는 자유의 품에서/노래의 화음으로 소통했습니다〈소통〉

책 읽는 소리에 /덩달아 새들도 /노래로 시를 읊는다〈책 읽는 우리 동네〉

오늘을 충실히 일하는 기쁨/황금의 노래를 목청껏 부르자〈황금의 노래〉'

노춘래 시인은 독서를 하고 시를 쓰다가 쉴 때는 자연에 빠지기도 하지만, 음악으로 눈길을 돌리기도 한다. 로즈 합창단에서 노래를 배우고 봉사하는 즐거움에 빠진다. 최근에는 계간문예 연주동우회에 가입해서 우쿨렐레 연주로 일익을 담당한다.

새들의 노래에서 소통의 노래, 황금의 노래를 목청껏 부르자는 시인에게는 노래 자체가 즐거움이다. 시 속에 등장하는 노래는 평소에도 시인의 마음에 들어앉아 행복의 원천이 된다. 시와 음악이 서로 불가분리의 관계라는 것은 말할 것도 없다. 시가 없는 삶을 생각할 수 없듯이, 음악이 없는 삶도 생각할 수 없다. 시와 음악은 조건 없이 감탄해야 할 예술이다.

설핏
중천에서 미끄러지는 햇볕

점심 먹고
모여 앉은 벤치에

코로나19가 빚어낸
기이한 마스크 부대 할머니

무료한 삶의 황혼길에
아까운 봄이 가네

돌 틈에 뾰쪽이 노란 웃음 민들레
넘치는 의욕도 한몫

고운 웃음 속에 박힌
생생한 삶의 이야기들

햇볕에 펼쳐 놓으니
보석처럼 귀한 젊은 날들

— 〈노년의 봄날〉 전문

코로나19가 빚어낸 마스크 부대 할머니의 봄날이 지고 있다. '고운 웃음 속에 박힌/생생한 삶의 이야기들//햇볕에 펼쳐 놓으니/보석처럼 귀한 젊은 날들'이라는 〈노년의 봄날〉은 속절없이 지고 있다. 마스크를 벗고 예전처럼 자유롭게 지낼 수 있는 날은 언제

쯤일까.

시는 가장 오래된 문학 장르이다. 시는 소중한 것을 잘 관리해서 보존해 가는 것이며, 반대로 새로움을 추구하기도 한다. 세상에 존재하는 것은 그 무엇이든 항상 변하기 마련이다. 옛것과 새것을 구분하는 것조차 무의미하다. 그러나 옛것에 토대를 두되 그것을 변화시킬 줄 알고, 새것을 만들어가되 근본을 잃지 않아야 한다는, 옛것을 본받아 새로운 것을 창조한다는 법고창신法古創新의 정신으로, 상상의 날개를 펴서 새로운 시를 쓸 수 있도록 노력해야 한다.

노춘래 시인의 두 번째 시집 《수줍은 달》 상재를 축하하며, 더욱 새로워질 세 번째 시집을 기대한다. 시인의 말에서 정진하고, 연마해서 괜찮은 시를 쓰고 싶다는 시인의 소망이 곧 이루어지리라 믿는다. 코로나가 물러가 일상을 되찾은 어느 날, 세 번째 시집을 읽으며 행복해 할 시인의 모습을 그려본다. 행복에 전염된 내 모습도 떠오른다.

계간문예시인선 175

노춘래 시집 _ 수줍은 달

초판 인쇄 2022년 8월 20일
초판 발행 2022년 8월 25일

지 은 이 노춘래
회　　장 서정환
발 행 인 정종명
편집주간 차윤옥

펴 낸 곳 도서출판 계간문예
편 집 부 03132 서울 종로구 삼일대로 30길 21 종로오피스텔 1209호
주　　소 03132 서울 종로구 삼일대로 32길 36 운현신화타워 305호
전　　화 02-3675-5633 팩스 02-766-4052
인　　쇄 54991 전북 전주시 완산구 공북1길 16, 신아출판사
이 메 일 munin5633@naver.com
등　　록 2005년 3월 9일 제300-2005-34호
ISBN 978-89-6554-256-8 04810
ISBN 978-89-6554-118-9 (세트)

값 10,000원

이 시집은 한국예술인복지재단에서 창작지원금을 받아 출간되었습니다.